S0-AWR-718

Este libro pertenece a:
This book belongs to:

....

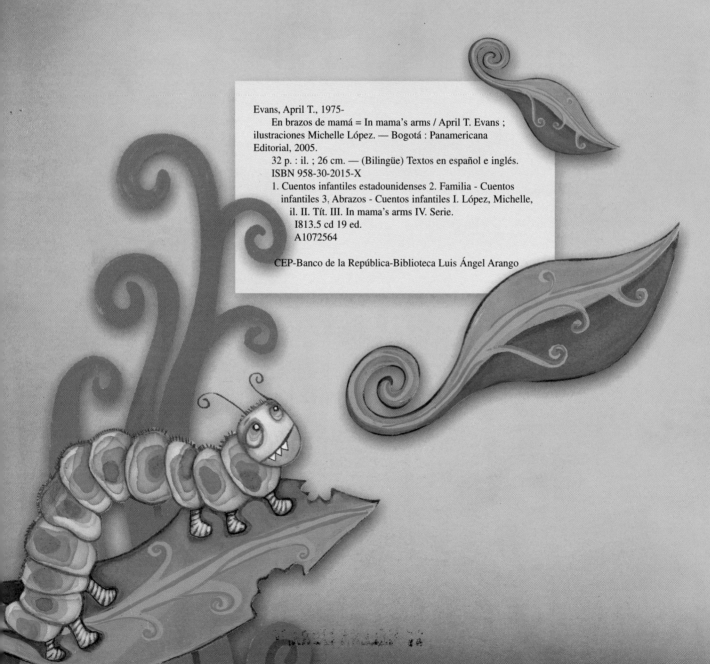

Evans, April T., 1975-
   En brazos de mamá = In mama's arms / April T. Evans ;
ilustraciones Michelle López. — Bogotá : Panamericana
Editorial, 2005.
   32 p. : il. ; 26 cm. — (Bilingüe) Textos en español e inglés.
   ISBN 958-30-2015-X
   1. Cuentos infantiles estadounidenses 2. Familia - Cuentos
   infantiles 3. Abrazos - Cuentos infantiles I. López, Michelle,
   il. II. Tít. III. In mama's arms IV. Serie.
   I813.5 cd 19 ed.
   A1072564

   CEP-Banco de la República-Biblioteca Luis Ángel Arango

En brazos de mamá
In Mama's Arms

Editor
Panamericana Editorial Ltda.

Dirección editorial
Conrado Zuluaga

Edición
Mónica Montes Ferrando

Traducción al español
Mónica Montes Ferrando

Ilustraciones
Michelle López

Diagramación y carátula
® Marca Registrada Diseño Gráfico Ltda.

Primera edición, febrero de 2006

Impreso en Colombia   Printed in Colombia

En brazos de mamá
In Mama's Arms

April T. Evans

Ilustraciones
Michelle López

PANAMERICANA
EDITORIAL

For Chad & Chase

En los brazos de
mamá me siento
abrigado y calientico
igual que una oruga
en su capullo.

In Mama's arms I feel snug and warm
like a caterpillar in a cocoon.

Yo deseo crecer como una hermosa
mariposa debido al amor en los
brazos de mi mamá.

I will grow to be a beautiful butterfly because of the love in my Mama's arms.

En los brazos de papá me siento
saludable y fuerte igual que un arroyo
que nace en la montaña.

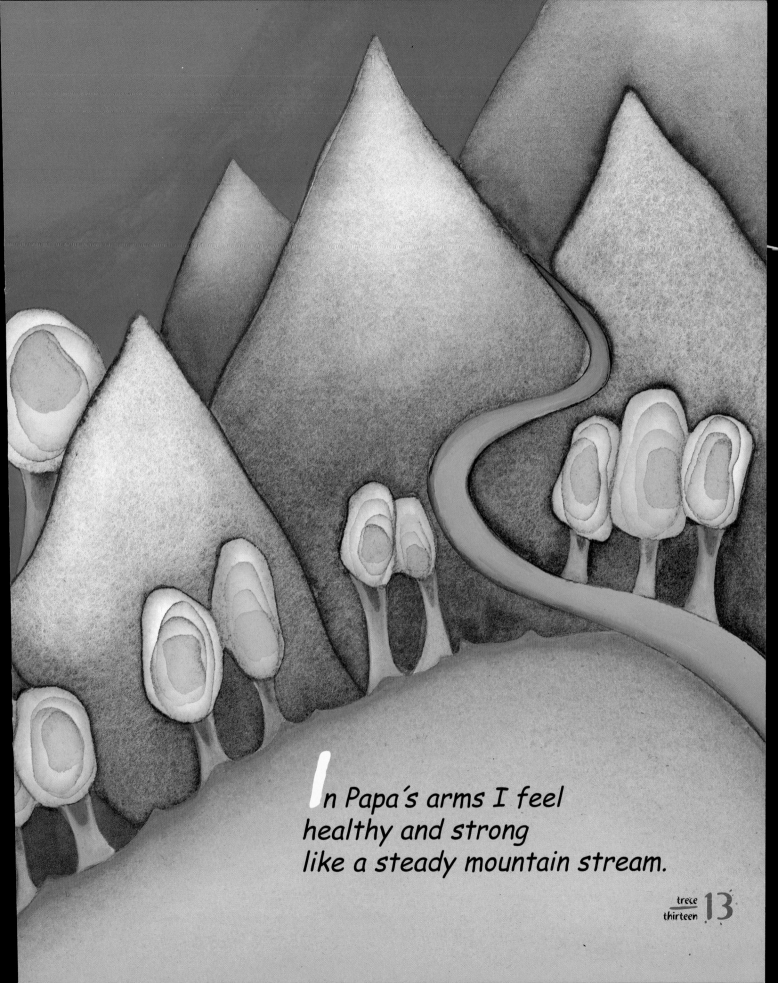

In Papa's arms I feel
healthy and strong
like a steady mountain stream.

Yo deseo crecer como un poderoso río debido al amor en los brazos de mi papá.

I will grow to be a mighty river
because of the love in my Papa's arms.

En los brazos de la abuela
me siento alegre y contento
igual que el Sol al amanecer.

In Grandma's arms
I feel joyful and content
like the sun as it
starts to rise.

Yo deseo crecer como
una estrella radiante
debido al amor en los
brazos de mi abuela.

I will grow to be
a radiant star
because of the love in
my Grandma's arms.

En los brazos del abuelo me siento
seguro y saludable igual que una
semilla en lo profundo de la tierra.

In Grandpa's arms I feel safe and sound
like a seed deep within the soil.

Yo deseo crecer como un
enorme árbol debido al amor
en los brazos de mi abuelo.

I will grow to be a towering tree because of the love in my Grandpa's arms.

En los brazos de mi familia me siento afortunado y pleno.

In my Family's arms
I feel blessed and full

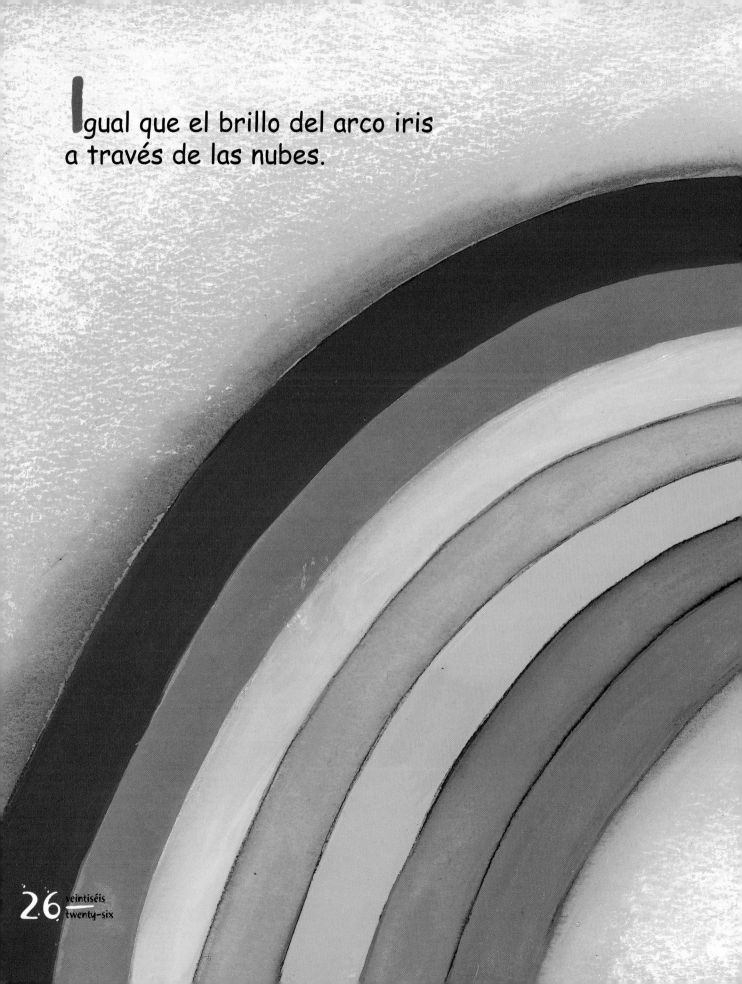

Igual que el brillo del arco iris
a través de las nubes.

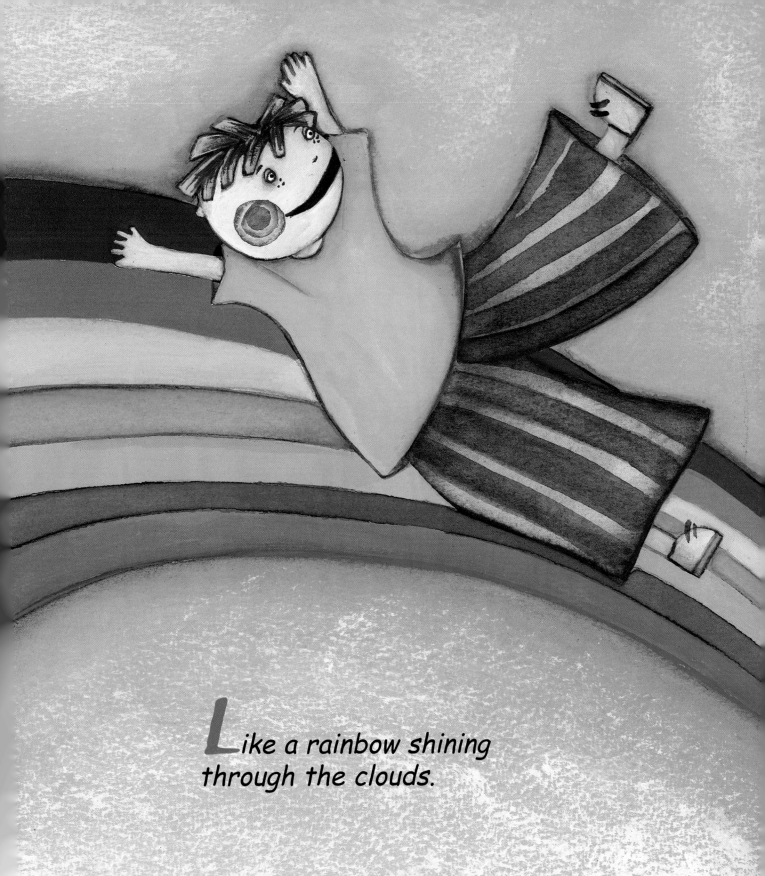

Like a rainbow shining
through the clouds.

Yo deseo crecer como
una luz esperanzadora...

I will grow to be
a hopeful light...

Debido al amor en los brazos de mi familia.

Because of the love in
my Family's arms.

Fin
The end

April T. Evans, de nacionalidad estadounidense, nació en Hayward, California el 20 de abril de 1975. Es graduada en Bellas Artes, con especialidad en Diseño gráfico de la Universidad de Arizona en Tucson. Vive en Vallejo, California con su esposo Chad y sus perros Brandon, Kloie Bean y Jake. Es autora del libro Al mar / To the Sea (Panamericana Editorial, 2004).

April Evans, an American citizen, was born in Hayward, California on April 20, 1975. She has a Bachelor of Fine Arts (BFA) degree in Graphic Design/Visual Communication from the University of Arizona in Tucson, Arizona. She lives in Vallejo, California with her husband, Chad, and their son, Chase. She is the author of Al mar / To the Sea (Panamericana Editorial, 2004).